Shayariel

Orkan der Dornengesänge

Shayariel

Orkan der Dornengesänge

Lyrik und mehr

Bibliografische Information der Deutschen Nationalbibliothek:
Die Deutsche Nationalbibliothek verzeichnet diese Publikation in der Deutschen
Nationalbibliografie; detaillierte bibliografische Daten sind im Internet über
http://dnb.dnb.de abrufbar.

1. Auflage 2020
© Shayariel, 2020
www.shayariel.com
Herstellung und Verlag: BoD – Books on Demand, Norderstedt

Illustration: Klaus Liebl

ISBN: 978-3-751-93213-4

Prolog

Jeder Lebensweg ist einzigartig, so wie jede und jeder von uns einzigartig ist. Wir alle haben Wahrheit in uns, die eine und die eigene.

Ich wollte immer beides wissen: die eine UND meine Wahrheit.

So war meine Suche lange Zeit ein stetes Wandeln zwischen Himmel und Hölle. Gefühlt weit mehr Hölle als Himmel. Heute weiß ich, warum es mir so erschien. Wir lernen es nicht anders – wir setzen unseren Fokus misstrauisch auf das Dunkle, das Böse, das Verachtenswerte, um unser Leben (das eigene und das der anderen) zu schützen, um den Weltendschungel irgendwie zu überleben.

Dabei ist das Licht stets nicht nur in uns, sondern auch mitten unter uns. Wenn wir geboren werden, vermögen wir es meistens noch zu sehen und zu fühlen. Doch mit der Zeit, mit dem Lernen über das Außen, entfernen wir uns, meinen in lichte, weise Höhen aufsteigen. Und auf genau diesem Weg versteigen wir uns – ohne es zu merken, steigen wir nicht hinauf, sondern immer tiefer hinab. Es sind bloß unsere gelernten Er-Leuchtungen, die uns den Weg hell erscheinen lassen, und diesen Schein halten wir dann für „das" Licht.

Irgendwann verstand ich.

War nicht auch Jesus gegen Satan in der Wüste angetreten? Ist er nicht erst durch die Finsternis hindurch und fand genau so sein wahres Licht?

Was für eine hoffnungsfrohe Vorstellung!, dachte ich und machte mich auf.

Ich kehrte um, und ja, schon nach den ersten Schritten bemerkte ich, dass ich *jetzt auf-* und nicht ab*stieg*. Zunächst hieß es allerdings vorbei an den vielen Leichen im Keller, vorbei an all dem, was nicht nur von mir, sondern ebenso gesellschaftlich als verachtenswert galt.

So folge mir nun auf meinem Weg – aber ich möchte warnen: den Weg, den ich hier aufzeige, ist ein ziemlich schwieriger. Ich gebe dir jedoch Zeit, dich daran zu gewöhnen, weise dir eine Richtung.

Der Weg **bis** zum **Sturm** ist melancholisch, schwermütig.

Der Weg **bis** zum **Zyklon** ist schon anstrengender; er ist suizidal, verzweifelt. Kann man gut schaffen mit einem einigermaßen stabilen Nervenkostüm.

Der Weg **bis** zum **Orkan** lässt den schrecklichen Irrsinn ahnen, der nachfolgen wird. Achtung! Gefahr!

Danach wird es arg. **Finster**.

All dem *kann* man sich stellen, wer den Mut findet, muss man allerdings nicht. In dieser Finsternis finden sich extreme seelische Ver(w)irrungen, die unser menschliches Leben zuweilen gebiert.

Ist diese Hölle der schattigen „Geburt" überstanden, ist das Licht am Ende des Tunnels erkennbar. Auch wenn es licht ist, heißt das keineswegs, dass es von nun an leicht sein wird. Leicht*er* viel-leicht.

Es folgten Jahre der stillen Worte. In diesen Jahren fand ich. Zunächst kam die (Selbst)Liebe zu mir – und aus dieser Liebe heraus vermochte ich endlich neue Lebens- und Liebeslieder zu erlauschen und diese zu singen. Meine Musik war geboren: **Blissful Cure**.

Sie hat ihren eigenen Stil und ihre ganz eigene Sprache. Doch das ist (m)eine andere Geschichte.

Schmerz

Komm, lass uns gemeinsam weinen
und die letzten Frühlingsblumen
auf dem Grab
der unbeweinten Leidenschaften
verstreuen
lass sie uns dem ewigen Feuer preisgeben,
dessen Flammen ebenso verzehrend sind,
wie die Leidenschaften selbst

sieh nur wie wild und schön
die Flammen laut prasselnd
gierig den Sarg anlecken,
sich um ihn züngeln
wie kleine Giftschlangen
die Tränen rinnen
in einer nie gekannten Heftigkeit

lautlos
unhörbar das schmerzliche Schluchzen
sich mit dem nicht enden wollenden
ewigen Feuer vereinend,
ohne es zu löschen
es sind die Flammen des Todes,
die nunmehr das Herz verzehren,
es brennen lassen

schließlich brenne ich
lichterloh
brenne aus
verbrenne
und ich sehe,
wie mein Freund von einst
bittere Tränen um mich weint

ich aber fühle nichts mehr
mein früherer Schmerz ist
einem dunklen
schwarzen Nichts gewichen,
das mich fortan
und nunmehr auf ewig umgibt.

Trauer

Sitze am Ufer
des Ozeans meiner Träume
und beweine meine Tränen,
die Sturzbächen gleich
über mein Antlitz rinnen

heißkalte freundliche Tränen,
die sich scheinbar endlos mit der
Gischt des Meeres mischen wollen
salzig –
bald weiß ich nicht mehr,
ob es das Salz des Meeres
oder meiner Tränen ist,
was ich da schmecke

Irgendwann
sind die Tränen versiegt

Weiß immer noch nicht,
was da
betrauert sein wollte,
was da
zu Grabe getragen sein wollte

Ich höre jetzt
das sanfte Rauschen des Meeres
und spüre
die spielerische Berührung,
als es heimlich
meine Füße umspült.

Oh, Schatten der ewigen Nacht
Dämonen der immerwährenden räudigen
Finsternis,
ich verfluche euch!
Weichet von mir!

Mühselig raff ich mich auf
bleischwer die Glieder
mit dem allerletzten Funken
der Hoffnung,
der in mir wohnt,
mach' ich mich auf
das Licht am Ende des Dunkels
zu finden.

Melancholie

düsterer Vorhang,
der sich ungefragt
um die Schönheit hüllt

Unhold,
der die Reinheit
zu beschmutzen wünscht

Würze,
die jeden Genuss
bitter nachschmecken lässt

düster sind deine Farben
und deine Melodien
erklingen ausschließlich in Moll
deine Worte triefen
von Wehmut und Trauer

tiefschwarze Nacht
senkt sich herab
und kein einziger Stern
mag sich am Himmel zeigen
kein Mondlicht
mein trauerndes Gemüt
zu besänftigen

nur noch ein Wunsch
scheint sich abzuzeichnen
kristallklar der Gedanke erstrahlt

eine ferne Sehnsucht,
die mich abgrundtief erfüllt –
ewige Ruhe
vermollte Sinfonien erschallen,
erfüllen mein kleines Universum
schon sehe ich mich
zu Grabe getragen,
doch keine einzige Seele,
die mich beweint

Die anderen Tränen

Ich sitze hier und weine
weine Tränen einer anderen Art
Ich sitze hier und meine
ihr seid Tränen, die ihr niemals wart

Zu Eis gefroren
rinnt ihr mein Antlitz herab
den Trümmerkrieg verloren
schneidet ihr euch willig durchs Erdreich
und grabt euch selbst ein Grab

Blutig seid ihr und todeskalt
durchbohrt die Herzen
nehmt euch die Liebe mit Gewalt
bereitet ihr willig sinnlose Schmerzen

Zornig seid ihr und voller Todesmut
stürzt euch in blindes Gefecht
stülpt über eure eiskalte Glut
bis schließlich zerschmilzt
euer Tränengeschlecht

Allein

Einsam und verloren
an den düsteren Hängen
gestohlener Glückseligkeit

Die stete Neigung
ins Verderben sich zu stürzen
jeden Zipfel Glück
dem alles vernichtenden Feuer preiszugeben

So harren sie hungrig
an den Wegesgabelungen
Wegelagerern gleich
überfallen sie in selbst-trügerischer Absicht
jede Entscheidung
die ihnen den Weg weisen will

Ausgemergelt
greifen sie mit ihren
habgierigen Klauen
liebgewonnene Eitelkeiten
um sich in ewige Verdammnis zu zerren

Verheißungsvoll lüstern
zerkratzen sie nirvanisches Sein
verzweifelt
selbst-vergessen
und wissen es doch ganz genau:

wir alle sind auf ewig
all-ein

Magisches Tagebuch

Valerie liebte diese kalten Wintertage, in denen seine Mutter mit ihm Fotoalben anschaute. Ihn interessierte einfach alles – Wer ist das? Leben sie noch? Was machen sie heute?

Seine Mutter erzählte ihm begeistert Geschichten von früher, was sie mit ihren Cousinen und Cousins erlebt hatte, von den Tanten und Onkels und den Omas und Opas und deren Leben damals. Und sie schilderte unglaublich lebendig: Er hörte Kinderstimmen rufen und hörte ihr Lachen; er vernahm deutlich die strenge Stimme ihres Opas, der Leutnant beim Militär war und gewohnt, dass man ihm gehorchte; er konnte den Stechschritt der Soldaten auf dem Asphalt klingen hören; er sah das Leuchten ihrer Augen und ihre stolze Siegesgewissheit, mit der sie in den Ersten Weltkrieg zogen.

Eines Nachmittags kehrte Valerie von einem seiner waldlichten Streifzüge zurück. Eine lange Leiter lehnte an der Hauswand des zweigeschossigen Backsteinhauses. Sie ragte hinauf bis zu einer Fensteröffnung, die der einzige Zugang zum Speicher des Hauses war.

Er blickte sich um, und als er niemand sah, kletterte er geschwind hoch und schlüpfte durch die Luke auf den Dachboden. Keine Menschenseele war oben. Es war ein wenig schummrig, weil die

Dachfenster sehr klein waren und nur wenig Licht hineinließen. Seine Augen brauchten einen kleinen Moment, bis sie sich an das fahle Dunkel gewöhnt hatten. Offenbar war sehr lange keiner mehr hier gewesen. Nicht mal Tiere. Keine einzige Fußspur war im Staub zu erkennen.

Valerie bewegte sich achtsam weiter in den Raum hinein, ein Ohr blieb lauschend in Richtung Fensteröffnung, ein Ohr achtete auf das Knarren des Dachbodens. Seine Augen pflügten sich Zoll um Zoll in den Raum hinein. Weiter hinten, gleich unter der kleinen Dachluke, entdeckte er viele interessante Sachen. Sie lagen wild durcheinander. Dicke Staubschichten lagen auf Kisten und Regalen. Spinnennetze hingen vom Gebälk.

Er hörte Stimmen von draußen und zuckte zusammen vor Schreck. Sofort sprintete er zur Fensteröffnung. Einen Moment hatte er Sorge, dass jemand die Leiter wegräumte und er hier oben ganz allein die Nacht zubringen müsste. Auch wenn er Abenteuer liebte, auf ein solches war er nicht wirklich erpicht. Erleichtert atmete Valerie auf. Die Leiter stand unberührt da.
Er drehte sich wieder um. Als er seine Fußspuren im Staub sah, machte er sich einen Spaß daraus, genau in diese Fußstapfen zu treten. Dabei stellte er sich vor, wie er gleich einen geheimen Schatz finden würde.

Es war derweil draußen noch etwas dunkler geworden. Dennoch konnten seine Augen gut genug erkennen, was vor ihm lag. Eine kleine Kiste zog ihn magisch an. Er folgte dem mysteriösen Sog und fand ein angestaubtes, in Leder gebundenes Buch in dem Kistchen vor.

Seine Nackenhärchen stellten sich auf, ein unerklärliches Kribbeln durchkroch seinen Bauch. Welche Bilder würden ihn erwarten? Oder würden bloß Buchstaben und Zeichen, die er nicht verstand, geschrieben sein?
Mit zitternden Händen schlug er es auf und … es war leer. Auf keiner einzigen Seite fanden sich Bilder oder Zeichen. Enttäuscht klappte er es wieder zu. Und da nun so gut wie gar nichts mehr zu sehen war, beschloss er, ein anderes Mal nach Schätzen weiterzusuchen. Das Buch nahm er mit.

Valerie schlich sich an der Wohnküche vorbei, huschte hinauf in sein Zimmer, wo er das Buch unter dem Kopfkissen versteckte. Nach dem Abendbrot erklärte er, dass ihn die viele frische Luft müde gemacht hätte, und dass er schon zu Bett gehen wollte.

Er konnte es sich nicht erklären, aber irgendwie fühlte er den starken Drang, sich das leere Buch noch einmal genauer anzuschauen. Er wartete also bis seine Mutter sich zurückgezogen hatte. Dann knipste er die kleine Taschenlampe an und holte das Buch unter seinem Kissen hervor.

„Oh!", entfuhr es ihm als er das wunderschöne Symbol auf der Vorderseite bemerkte. Er erkannte es wieder. Seine Mutter hatte ihm einmal einen Familienstammbaum gezeigt. Einer der Äste trug dieses Zeichen auf einer Art Flagge. Sie hatte ihm erklärt, dies wäre ihr Familienwappen väterlicherseits. Rund um den dort abgebildeten, feuerspeienden Drachen befanden sich weitere Zeichen. Leider konnte er sie nicht lesen.

Am nächsten Tag unternahm er einen ausgedehnten Waldspaziergang. Buch, Zeichenblock und Stifte hatte er mitgenommen, denn es drängte ihn, die leeren Seiten zu füllen mit Bildern und Zeichen. Irgendetwas in ihm wusste, dass das Buch genau hierfür und er dafür, dies zu tun, bestimmt war.
An einer besonders schönen Stelle unweit einer Quelle ließ er sich nieder, holte seine Zeichenutensilien und das Buch aus der Tasche hervor, um den Baum an der Quelle zu zeichnen. Am liebsten hätte er auch das ungewöhnliche Lichterspiel von Sonne und Baum mit eingefangen, doch war er sich im Klaren, dass hierfür seine Zeichenkünste nicht ausreichen würden. Ein wenig betrübt seufzte er leise.
Als er den ersten Strich ansetzen wollte, rutschte ihm das Buch von den Knien und fiel zu Boden. Hastig klaubte er es vom Boden auf. Gerade als er es von den Tannennadeln befreien wollte, öffnete es sich wie von selbst. Valerie traute seinen Augen nicht: Der Baum mit seinem wunderbaren Lichterspiel war einem Foto gleich auf der Seite festgehalten!

Aufgeregt schnappte er nach Luft. Solche Dinge passierten in Märchen und Heldengeschichten, nur: weder war er ein Held, noch befand er sich in einem Märchenwald. Eine ganze Weile saß er

unbeweglich auf dem Waldboden und starrte auf das Bild. Tausende Fragen und Gedanken purzelten wild in seinem Kopf umher. Auf einmal hatte er einen verrückten Einfall. Er öffnete kurz das Buch und klappte es sogleich wieder zu. Ganz vorsichtig schaute er dann nach, und tatsächlich: Das Blätterdach über ihm war auf der Buchseite abgebildet!
Ihm entfuhr ein Schrei, halb Schreck, halb Begeisterung. Es drängte ihn weiterzumachen. Zuerst zitterten ihm beim Auf- und Zuklappen des Buches ein wenig die Hände. Mit jedem weiteren eingefangenen Motiv indes wuchs sein inneres Freudenfeuer. Bald war das Buch gut gefüllt mit allen möglichen Abbildungen. Was ihn besonders faszinierte: Wenn ihm ein Bild nicht gefiel, löschte es sich von alleine – die Seite war, kaum gedacht, einfach wieder leer.

Er hörte Stimmen in der Ferne. Sie riefen seinen Namen. Sie suchten ihn. Valerie hatte gar nicht bemerkt, dass die Zeit so weit fortgeschritten war. Die Sonne stand ziemlich tief. Rasch verpackte er das Buch, ließ bloß Block und Stifte draußen. Er kritzelte schnell ein paar Blätter voll.

„Ach, hier bist du!", rief seine Mutter als sie ihn gefunden hatten. „Ich habe mir solche Sorgen gemacht."
Sie bemerkte seinen Zeichenblock.
„Oh, was für schöne Bilder!"
Valerie nickte und murmelte: „T'schuldigung Mama! Es war so schön hier."
Er hatte sich entschieden, dieses Buch-Geheimnis

mit niemandem zu teilen. Nicht einmal mit seiner Mutter, der er sonst alles anvertraute.

Die Anfangsbegeisterung ließ bald nach. Außerdem wurden andere Dinge in seinem Leben wichtig. Schule und Freunde standen im Vordergrund. Das Buch geriet in Vergessenheit.

Eines Tages, als seine Mutter beschlossen hatte, dass es an der Zeit wäre, seinem Kinderzimmer den Abschied zu geben und es in ein Jugendzimmer umzuwandeln, entdeckte er beim Entrümpeln das Buch in einem Karton. Er erinnerte sich an den ersten Tag und musste lächeln. Sanft strich er über das Symbol auf dem Buchdeckel.

Er war längst kein Maler mehr. Zumindest nicht mit Stiften und Farbe. Ein Wortmaler war er geworden. Er hatte eine starke Vorstellungskraft entwickelt und ließ diese Fantasien in seinen Geschichten und Gedichten lebendig werden. Für ihn war völlig klar, dass er Schriftsteller würde.

Valerie öffnete das Buch mit ein bisschen Ehrfurcht und betrachtete die mittlerweile angegilbten Bilder seiner Kindertage. Wehmut überkam ihn darüber, dass mit dem Älterwerden augenscheinlich Magie und Zauber der Kindheit verloren gegangen waren. Er blätterte eine Weile in den Seiten, legte es schließlich auf seinen Schreibtisch.
Vom Packen und Sortieren zwar müde, aber voll der bildhaften Worte, die Ausdruck seiner erweckten Erinnerungen waren als er in dem Buch

aus Kindertagen gestöbert hatte, verfasste er noch rasch ein paar Notizen für eine neue Geschichte. Er legte sie neben das Buch und ließ sich erschöpft und seltsam glücklich in seine Federn sinken.

„Was?!", rief er entsetzt aus. Er hatte ihn gedrängt, seine Geschichte zu vollenden nach einer intensiven Traumnacht. Hektisch wühlte er zwischen den Zetteln auf seinem Schreibtisch und fluchte vor sich hin. Er bückte sich, schaute hin und her, kroch vor sich hin murmelnd zwischen den Kartons und unter dem Schreibtisch herum.

„Valerie! Was ist denn los?", fragte seine Mutter, die wegen seines lauten Schimpfens in sein Zimmer gekommen war.
„Sie sind weg! Sie sind einfach weg!"
„Wer ist sie? Was ist weg?"
Sie entdeckte das Buch auf dem Schreibtisch.
„Oh!", rief sie aus, „wo hast du das denn her?"
Valerie blickte hoch und sprang erschrocken auf. Er stürzte zum Schreibtisch und nahm rasch das Buch an sich, bevor seine Mutter eine Chance hatte, das Familienwappen auf dem Buchdeckel zu erkennen.
„Ach, da sind sie ja!", meinte er schnell. „Alles gut, Mama."
„Na dann. Frühstück ist übrigens fertig", meinte sie und verließ kopfschüttelnd sein Zimmer.

Mitgenommen setzte Valerie sich für einen Moment auf sein Bett. Ein Impuls ließ ihn das Buch aufschlagen. Er stutzte. Auf der Buchseite, wo sich am Tag zuvor das Bild von der Quelle im

Wald befunden hatte, standen jetzt Buchstaben. Irgendwie war er nicht wirklich überrascht. Er begann zu lesen. Nach den ersten Worten musste er doch Luft holen: Es war genau die Geschichte, die er mit nur wenigen Wörtern anskizziert hatte. Allerdings trugen diese Worte mit ihren geschaffenen Bildern einen ganz besonderen Zauber in sich. Seine Sprache hatte einen völlig neuen Stil gefunden.

Heute sagt man über Valerie, dass er einer der größten und wortkreativsten Poeten und Dramatiker seiner Zeit gewesen sein soll.

Das Meer

Samten glänzend
in der untergehenden Sonne
leise plätschernd an den Ufern
die auf- und untergehenden Sterne
den Mond spiegelnd
gurgelt und blubbert das Meer
trägt und birgt es
dies und jenes Getier
und so manches Pflanzengeflecht

Es schaut
die Menschen
die an den Ufern wandeln
die Stück um Stück
das hintere Land verschandeln
die seine Gedärme vergiften
mit ihren öligen, schmierigen Schiffen

Es lauscht
diesen unglaublich überheblichen Toren
ihren übertriebenen Gesängen
voll Eitelkeit und Hohn
es lauscht genau
mit seinen wässrigen Ohren

Übelkeit
ergreift das Meer
die ölige Fracht im Magen
sie wiegt so schwer

Die sterbenden, stinkenden Kadaver
an Land werden sie geschwemmt
die Ufer mit ihnen besudelt
ungehemmt

Das Blut in seinen wässrigen Adern
es beginnt zu kochen

Das glühende Herz
so tief im Boden
es beginnt wie wild zu pochen
laut und ungestüm

Das Meer bäumt sich auf
vor Zorn und Wut
spürt tief in sich die heiße Glut
zieht sich schmollend
weit in sich selbst zurück
um schließlich
überschäumend
und scheinbar selig voll des Glücks
sein Maul weit aufzureißen
und grollend
donnernd
wie nur Thor es sonst vermag
sich an den Ufern zu erbrechen
um alle Übel auszuspeien

weit ins Land zu knechten
all die Menschen
willig Haus und Hof zu speisen
zu verdauen

schmatzend
glucksend zu umspülen
ihren ganzen Stolz zerwühlend
um alsdann
aus den wässrigen Klauen
den Kot unverdaulichen Lebens
wieder freizugeben

Schweigend kehrt es wieder um
das Meer
nimmt alles mit auf seinen Wegen
Illusionen, auch die Träume
scheut es sich nicht mit abzuräumen
und mit Neptuns wässrigem Segen
bleibt zurück der Mensch
sanftwassern von Tod umspült
und leer

Sturm

Wüste wilde Winde
beginnen die Straßen zu durchtoben
wirbeln den Staub auf,
Schmutz vergangener Zeiten,
den Blick vernebelnd,
die Augen quälend,
in dein Antlitz peitschend,
schmerzerfüllt versuchst
du dich zu schützen

Als ob Wölfe den Mond anheulen
jault und pfeift es
kreischt es
hysterischen Furien gleich
durch deine Welt

Es erhebt sich
schließlich
ein mächtiges unbändiges Brausen

du kämpfst verzweifelt gegen an,
vergeblich,
denn wie ein Nichts
wirst du in die Luft gewirbelt,
mitgerissen,
Bäumen gleich wie Streichhölzchen
umgeknickt und entwurzelt

Das Heulen des Sturms
klingt wie das schreckliche Lachen
schauriger Dämonen und Finstergestalten
tief in dir drin

Urgewalt Wind
erhebt sich gegen alles,
fegt alles Überflüssige einfach fort
ruft die ewigen Wasser zu Hilfe,
um auch den allerletzten Krümel
der Nutzlosigkeiten
mit sich zu nehmen.

Tonloser Schrei

Werdende Mutter, wie sie sich freut,
hat sie es doch erfahren heut,
ein Kind sie unter dem Herzen trägt,
kann schon sehen, wie seines schlägt
kann schon fühlen, wie es schwingt,
kann schon hören, wie es seine Lieder singt.

Die Zeit vergeht im schnellen Flug,
die Mutter erinnert, wie sie's einst trug
geborgen unter ihrem Herzen,
geboren in Pein und schier endlosen Schmerzen,
vom Glück erfasst nach großem Leiden,
hält sie ihr Kind, es will nicht weinen.

Tonlos seine Schreie sind,
wächst heran als sterbendes Kind,
trägt seinen Abend wohl verborgen,
macht der Mutter nichts als Sorgen.

Es kränkelt, es schwächelt, es atmet schwer,
es blutet aus Mund und Nase.
Wo kommt nur all das Bluten her?
Es wirkt so blass und auch so mager.

Die Ärzte wissen schnellen Rat
nennen das Kind beim Namen –
Blutkrebs heißt's, was es in sich hat,
doch niemand weiß, woher er kam.

Man munkelt, sie wohnen viel zu nah
am radioaktiven Meiler.
Ist's auch nicht Hiroshima,
die blut'gen Zellen woll'n sich nicht mehr teilen

wie sie es sollten können,
drum wird's Kind von innen brennen,
den ewigen Abend bald begrüßen,
die Engel in seine Arme schließen.

Die Mutter weint, klagt laut ihr Weh,
verklagt die Herren des Meilers,
doch denen juckt nicht mal der kleine Zeh,
wissen die Klage weit von sich zu weisen.

So schenken die Mütter immer mehr
sterbenden Kindern ein kurzes Leben,
schreien zum Himmel ihr Seelenschwer,
gezeichnet vom qualvollen Schmerz des Tods,
wenn Götter in Weiß erbarmungslos,
die kalten Kinder ihnen nehmen.

Gottlos

Trunken vom Weltenwandel
stolpern sie durchs Sein
es ist ihr berechnendes Wissen
um Abel und Kain
das sie sich nicht schämen lässt
wenn sie ungeschoren
den Pelz vom Rücken der Anderen klauben
sodass die Schafe
komplett durchnässt
und bauchvertraut wie nur die Toren
sich witzlos und fortan
kein weiteres Leben mehr erlauben

auf ihre Kosten zwitschern sie
Antilügen zischeln sie
verwirren wollen sie ganz bewusst
biegen sich den Rücken krumm
vor schallendem Hohngelächter

humaner Wildwuchs
wuchert ohne Gnade
und kein Gott eilt zur Hilfe
schickt die Sintflut
um die Gottlosen in ihrer habenden Gier
auf ewig
im himmlischen Sud zu ertränken

Sensenmann

Finsternis legt sich über's Land
eiskalt die Winde wehen
Schweiß rinnt, bin ausgebrannt
kann ihn schon kommen sehen

Schleicht sich schweigend und lautlos heran
ist in seinem Wesen unerbittlich
fühlt sich so kalt und leer in mir an
er-nährt sich an uns sittlich

Schon hebt er die Sense an
Feuersterne aus den Augenhöhlen blitzen
ich weiß, er nennt sich Sensenmann
beginnt langsam nun mich aufzuschlitzen

Verschlingt nicht nur mich
nein, alles Menschengeschlecht
wischt er von hier fort
an einen unbekannten Ort

Ich kehre heim ins ewige Licht
und weiß,
sein Handeln ist mehr als gerecht

Zombies

Die Rampe des lebzeitigen Todes
wird ausgefahren
an den Ufern
auswegloser Sinnlosigkeiten

Kreischend vor Begeisterung
stürzen sich die heiseren Toren
mit erstickendem Gebrüll
in maskenhafte Selbstvergessenheit

Schon fällt das Beil hernieder
saust herab mit ohrenbetäubendem Schweigen
schlägt ihnen allen ihre hohlen Köpfe ab

Wie trunken
taumeln die fleischtoten Körper
fortan planlos und blind
und im festen Glauben
an ihre Unverwundbarkeit
an ihre Unsterblichkeit
an ihr pulsierendes Leben

Unverständlichkeiten
in ihr Sein gestammelt
verstehen sie jedes Wort nicht
erlauschen ihre verwesten Ohren
das flirrende Summen der Schmeißfliegen
welche zärtlich schmatzend
das tote Fleisch verzehren

Mit Ruhm bekleckert
heben sie alsdann die Gruben aus
bereit sich zu gegebener Zeit

wohlig
in den eisigen Fluten
aufgeschütteten Erdreichs zu betten

um sich ohne je das Licht erblickt zu haben
zurück an die Strände
Scheinheiligen Daseins
tragen zu lassen

Zwitschernde Dunkelheit

Es ist ein Heraustreten
in totale, ewige Finsternis,
die einen umfängt
und in einen dumpftraurigen
Mantel hüllen möchte.

Und über einem
öffnen sich Portale
sternenglitzernd
als wollen sie Abermillionen
Funken niedersprühen lassen

sie berieseln dich
kitzeln dich von innen
von außen
zerfressen dich krebskrank
von innen
nach außen.

Du weißt,
du gehörst hier nicht hin,
und die Vögel
zwitschern weiter ihre Antilieder
und die Winde
kündigen dein Kommen

aus der Dunkelheit
ins Licht
aus der Finsternis
ins Licht
aus den Höllen ewiger Verdammnis
ins ewige Licht

Die zwitschernde Dunkelheit
dreht die Münze
immer wieder um
ein Schwanken
von Pol zu Pol
aus der Dunkelheit
ins ewige Licht.

Versenkt

sie steht auf der Brücke
und blickt hinab
mondscheinstrahlendes Gewässer
es scheint sie zu rufen
deutlich hört sie die Stimmen
aus der Tiefe
sie hallen und klingen
an ihr Ohr

frenetischer Jubel
umfängt sie
und schauriger Lichterschein
der sich im Wasser spiegelt

schon spürt sie des Wassers Mantel
erfrischend und kühlend
sie umfangend
sie umspielend
vereint mit Neptun jetzt
sinkt sie hinab in seine Arme

auf dem Grund des Sees
braucht sie nimmermehr
den heiligen Atem des Seins
den rotgleißenden Strom des Lebens
in ihren Adern spüren

denn fortan
kann sie mit ihrem Gewicht
an den Füßen
Neptun
und die Aale
auf ewig zerküssen

Schneeglöckchen

Schwankend steht sie am Fenster. Wirres Zeugs murmelt sie vor sich hin. Wie jedes Jahr um diese Zeit.

„Man nennt es body rocking", glaubt die Krankenschwester, mir erklären zu müssen, und meint damit das Hin- und Herschaukeln meiner Mutter, die dabei beständig vor sich hinmurmelnd aus dem Fenster starrt.
„Sprechen mit ihr werden Sie nicht können, sie nimmt nichts und niemanden wahr außer den Bäumen."
Ich nicke und gehe zu ihr hinüber. „Mutter?"
Sie reagiert nicht. Sie schaukelt einfach weiter hin und her und wispert vor sich hin.

Alles hatte in einem November begonnen. Die Blätter wurden wie in jedem Herbst durch die Stürme von den Bäumen geweht. Mutter hatte weder den Herbst, und noch viel weniger den Winter, jemals leiden können. „Augen zu und durch!", lauteten stets ihre Worte. Sobald sie dann wieder die ersten Schneeglöckchen entdeckte, verwandelte sie sich. Ihre Augen begannen zu leuchten, sie krempelte sich die Ärmel ihrer Bluse hoch, zog sich die Schürze an und startete frohgemut ihren Frühjahrsputz. Diese putzmuntere Frau hatte mit der ständig am Wasser gebauten, lethargischen Frau, die sich uns Kindern alljährlich in der dunklen Jahreszeit präsentierte, rein gar nichts gemeinsam.

In jenem ersten Herbst stand Mutter auch am Fenster und blickte verloren hinaus. Ich war damals zwölf Jahre alt. Sie schüttelte ihren Kopf und meinte, sie würde die Welt nicht mehr verstehen.
„Welch unverzeihlicher Fehler!", rief sie aus und ihre Augen waren ganz feucht.
„Was ist denn, Mutter?"
„Die Bäume, Kind. Sie werfen … sie werfen ihre Kleider weg. Es ist doch so furchtbar kalt draußen und sie sind so nackt, die Bäume", schluchzte sie los.
„Aber Mutter, das muss so sein. Es ist immer so! Erinnere dich!"
In den folgenden Jahren suchte ich jeden Herbst neu nach allen erdenklichen Informationen. Ich befragte meine Biologie- und Chemielehrer, versuchte es mit hochwissenschaftlicher Beweisführung, zeigte ihr Videos. Ich tat alles in meiner Macht Stehende, um meiner Mutter irgendwie zu verdeutlichen, dass ein anderes Verhalten der Bäume unweigerlich deren wirklichen Tod zur Folge hätte.
Es nützte nichts. Jahr um Jahr wurde es schlimmer. Sie weinte und klagte, verfluchte den lieben Gott, dass er den armen Bäumen derartiges Leid zufügte. Sie warf ihm sogar Nudismus vor!

In einem Herbst dann, ich war von der Uni nach Hause gekommen, fand ich unser Haus vollkommen verwaist vor. Die Haustür stand weit offen.

„Mutter?" Ich suchte überall nach ihr. Vom Keller bis zum Dachboden schaute ich nach. Nirgends auch nur eine Spur von ihr.

Jetzt war ich doch ziemlich besorgt, denn sie musste hier irgendwo sein. Schließlich stand ihr Auto unbewegt in der Garage.

Ich versuchte es im Garten, obwohl ich mir nicht vorstellen konnte, dass sie sich bei diesem stürmischen, von ihr verhassten Schmuddelwetter draußen aufhalten würde. Von irgendwoher hörte ich ein leises Stöhnen.

„Hallo!", rief ich, „Mutter? Bist du das?" Da war es wieder. Ich rief etwas lauter und folgte dabei dem klagenden Stimmchen, das zu mir geweht wurde.

„Oh mein Gott!" Ich rannte, als ich meine Mutter so liegen sah. Nackt war sie und wimmerte. Blau angelaufen vor Unterkühlung. Ich zog rasch meine Jacke aus und legte sie um sie.

„Mensch, Mutter, was machst du?!"

Sie zeigte nach vorne und irgendetwas, das wie „Mann" klang, krümelte aus ihrem Mund.

Wut packte mich und ich brüllte: „Wer war das? Wer hat dir das angetan? Mutter, sag schon, wer war dieser Dreckskerl?"

Er würde dafür bezahlen! Es musste ein Er gewesen sein! Es konnte nur ein Er gewesen sein!

„Nicht … er …", stieß sie unter klappernden Zähnen hervor. „Die Bäume, Junge …"

Verzweifelt hielt ich Ausschau nach etwas Wärmendem. Und jetzt traf es mich, wie Donner und Blitz in einem: Die Bäume, sie alle trugen irgendein Kleidungsstück meiner Mutter, ihre Handschuhe, ihren Mantel, ihre Mütze, ihr Kleid, einem Busch hatte sie ihren BH umgehängt, einem anderen ihren Slip.

„Die … Bäume … sie frieren … so furchtbar … ohne ihre … Kleider", greinte sie schlotternd.

Fünfzehn Jahre ist das jetzt her. Seitdem steht sie Jahr für Jahr rockend am Klinikfenster, singt von dort ihr Trauerlied für die Bäume.

Bis die Schneeglöckchen blühen.

Das Kind

Es öffnet seine Augen
sieht und stellt sich tot
das Kind

Was es dort gesehen
schmerzt es viel zu sehr
lieber will es wieder gehen
zurück ins Licht und nicht hierher

Es öffnet seine Augen
hofft, doch hat es keine Wahl
das Kind

Mühselig beladen steht das Kind jetzt auf
schmerzgepeinigt
das Schicksal nimmt sein ihm bestimmten Lauf
vom Blut gereinigt

Es öffnet seine Augen
geht hinein ins Leben
das Kind

Das Kind muss sehen
was es nicht sehen will
Das Kind muss hören
wünscht die Welt sich still

Es öffnet seine Augen
riecht an den Blumen der Vergänglichkeit
das Kind

Das Kind muss ertragen
mit Gott sich verschwören
es kennt kein Verzagen
am Ende muss es ganz alleine gehen

Es öffnet seine Augen
weint bittere Tränen ohne Zurück
das Kind

Der Schmerz zerbricht es
unbändigen Zorn packt es
seine Welt ist zu Eis erstarrt
am Eingang zur Hölle der Teufel harrt

Es öffnet seine Augen
tötet mit seinen Blicken hemmungslos
das Kind

Es setzt die Welt in zornige Flammen
mit seinem kalten Todesschwert
es gibt für niemand ein Entkommen
es wird keine Gnade mehr gewährt

Es öffnet seine Augen
lacht und hebt seine verdorrte Hand zum Gruß
das Kind

Das wütende Schlachten hat begonnen
die Welt ist mit eitlem Krieg übersät
die Leben zwischen den Fingern zerronnen
kaum geboren, schon wieder abgelebt

Unfrieden, Zorn und Hass sollen sie suchen!
Auf ewig verdammt sollen sie sein!
Kains Handeln lässt mich sie alle verfluchen!
Geknechtet für immer mit Schmerz und Pein!

Es schließt seine Augen
schläft seinen friedlichen Schlummer sodann
das Kind

Im Zentrum des Zyklons

Wütend peitscht der Wind
messerscharf die Regenkrallen
knechtet dich durch die Straßen
des immerwährenden Elends

Heulend wie unzählige Wölfe
fegt er mal hier, mal dort
die Welt von ihrem Unrat frei

Reißt ihnen zornig die Dächer
über den Häuptern ab
trennt ihnen sogar die Nischeln vom Leib
wirbelt Haus, Hof, Getier,
einsam durch die Lüfte

Zerkleinert bis ins letzte Detail
zerstückelt bis ins letzte Glied
regnen sie alsdann wieder
zur Erde hernieder

Werden beweint
von den Wenigen, die überleben
nur ein kurzer Augenblick
der Trauer ward ihnen zuteil

Schon erhebt er sich
neuerlich
noch grausamer als zuvor
schießt um die verborgenen Ecken
und lässt die Fluten steigen

Bereitwillig
ergießen sie sich
einem Orgasmus gleich
über's Land
und verschlingen gierig alles
was zu verzehren geht
verstreuen sodann
die nutzlosen Überreste
willenlos im Überall

Ich sitze
im Zentrum des Zyklons

Sein Auge wacht
über die allseitige Vernichtung
die Zerstörung
das Ausmerzen

Ich
sitze
still
und
ungerührt

Klangvolle Dichtkunst

Meine Werke hauchen Leben ein
das ist ihr Geheimnis
mein geheimnisvoller Zauber
der die Menschen so betört

Meine Lieder flüstern Liebe ein
und keiner merkt es
wie sie unmerklich versteckt
die Liebe
aus den geheimsten Verstecken hervorlocken

Meine Bilder simulieren Realität
subtil und scheu
die Farben atmen
und verändern ihr Sein
geheim

Und so gestalte ich mir
mein Sein
auf eure Kosten
spiele mit eurer Dummheit
führe euch unbemerkt hinters Licht
flüstere euch zärtlich ein:
Fürchtet euch nicht!

Und in wahrhaft blindem Vertrauen
folgt ihr mir
durch verzückte Tränenschleier
seht ihr nur das
was ich euch sehen mache

Ich lache euch aus
und für euch ist's Gesang
Ich schneide euch auf
und ihr wie unter Zwang
verliert euch in meinen Liedern

Wie irrsinnig seid ihr
und merkt es nicht –
viel zu sehr
lasst ihr mich
in eurer willenlosen Hingabe
meine Einsamkeit
gnadenlos spüren

Ich ertrinke kläglich
in eurem Lobgehudel
und darum
werde ich mir nun nehmen
was ich euch dereinst geweiht
was ich euch dereinst gegeben –

mein winzig kleines
kostbares
Leben

Lieblos' Herz

Weinseelig gab sie sich ihm hin,
nur eines hatte er im Sinn,
und was geplant,
das auch gelang.

Die Sehnsucht brennt in ihr,
und sie schreit immerzu
verzweifelt:
Fort! Nur fort von hier!

Übelkeit packt sie,
lässt sie erbrechen
sie fasst sich ein Herz
die Träume zerbrechen
Leben schwinden dahin
und ein neues Leben beginnt,
ein Leben ohne jeden Sinn
und ohne jedes Licht.

Es wächst in ihr,
verformt sie und ihren Körper,
oh, wie sie dieses Leben hasst!

Der weinseelige Traumprinz
wird ihr zum Gemahl gegeben,
oh, wie sie ihn mit praller Bosheit schasst!

Ihm und ihrem Leben
und dem Leben in ihr
bereitet sie Höllen auf Erden
Kummer, Schmerz und Pein –
zur Hölle sollen sie fahren,
hinfort aus ihrem Sein!

Die Tat gelingt
und fortan viele Missetaten
ein lieblos' Leben
voller Krieg und Kinderscharen,
die gewollt und ungewollt
das Lebenslicht erblickt.

Ein sinnlos' Leben sie geführt
ein herzlos' Dasein sie erfüllt
und auch der Schrittmacher der Herzen
brachte nicht
das wahrhafte Licht –
am Ende es einfach so verlischt

Verlassen muss sie diese Welt
voll der Schuld
und
in namenloser Trauer.

Die Zelle

Als ich morgens erwache
weiß ich es,
die Zeit ist reif –
meine Zeit ist nun gekommen!

Ein Blick in den Spiegel verrät,
was ich immer schon wusste –
ich bin etwas Besonderes!

So mache ich mich denn auf
beginne mich auszudehnen
über meine Grenzen hinauszugehen

Mein Umfeld regt sich auf
beschwert sich
über meine Dreistigkeit
beschimpft mich laut
bezichtigt mich des Mottenfraßes

Doch nicht ich
habe die Motten gebeten
ins gleißende Licht zu fliegen!

Ich bin eine Perle
im Gedärm des Wals
und sie neiden mir mein Glück
mein Wissen
um meine Extravaganz

Verbissen schreite ich fort
und mein perlendes Sein
meine alles überstrahlende Schönheit
breitet sich mehr und mehr aus
wie ein Pilzgeflecht
wuchernd und unausweichlich

All ihren Warnungen zum Trotz
fresse ich mich durch
Zelle um Zelle
vernichte
verzehre
wachse und gedeihe
dehne ich mich aus –
mein Sein scheint ewig!

Dann schrecke ich auf
denn ich höre entfernt ein Röcheln

Der Wal hat unter schweren Krämpfen
aufgehört um sein Sein zu kämpfen

Noch verstehe ich nicht
und wundere mich
doch schließlich
verlöscht es überraschend,
mein strahlendes Licht

Ich will nicht

Das Leben rülpst sich mir entgegen
ich schreie laut:
Ich will nicht!
Doch schon verschlingt es mich
und speit mich aus
im Irgendwo.

Schreiend tretend spuckend
blinzel' ich ins Sein
Angst und Schrecken
von der Kälte
fahren mir durch Mark und Bein.

Den Atem halt ich an
geschwind
blau läuft mein Körper an
gekrümmt
Ich will nicht!
Ich will nicht!

Sie schlagen mich
sie schütteln mich
sie quetschen mich
durchdringen mich
bezwingen mich
Ich weiger mich –
Ich will nicht!
Und diesen Krieg
gewinne ich!

Ein letzter Blick
auf die
die meine Mutter
fast gewesen wär
schon fahr ich heim
zurück ins Licht
singend jubilierend

DAS,
das will ich!

Cholerika

Düsternis umspannt sein Herz
gepresst sind seine Worte
verhallen ungehört in den Gezeiten

Die anderen erregen Hoffnung in ihm
auf Erlösung
aus seiner bitteren Not

Wut kocht in ihm hoch
sein Herz pocht wie wild
alles und jedes scheint sich
ihm in den Weg stellen zu wollen

Er schreit sie an die Wand
frisst die Weisheit mit kalten Löffeln
aus purpurnen Schalen
schaufelt sie unbändig in sich hinein

Dann bricht er den Stab
über die anderen
schlägt zornig um sich
in blinder Wut
prügelt sie in den Tod fast

Es tut ihm leid
doch er kann es nicht sagen sich selbst kann er
jetzt noch schlechter ertragen brüllt lauter nur
stattdessen will der vermeintlichen Bedrohung
ein Ende setzen

Am Ende gießt er über sich das Öl
verflucht diese satanische Welt
die er nicht hat lieben können
und die ihn nie geliebt

die toten Tränen
aus den Augen geschnitten
zerfetzen geplatzte Adern sein Gehirn
und das Herz
springt ihm brennend aus der Brust

Tränenrümpfe

Seine eitlen Messer lässt er blitzen
bereit, in kaltes Blut zu ritzen
hastet er von Haus zu Haus
stolpert blind ins Feld hinaus
und weiß es nicht zu finden

Schnitzt brennende Zeichen in die Rinden
der toten Bäume am Wegesrand

Aus steinkaltem Grab ragt eine Hand
bereit, nach ihm zu greifen
doch flüchtet er rasch ins Tal der Sümpfe

Blicklos ragen seine Tränenrümpfe
ins modernde, stinkende, schaurige Nass

Seine Seele erfüllt von zornigem Fraß
hebt er die Messer zum Himmel empor
ein Schnitt ins Fleisch und ab das Ohr

Wozu noch Hören, wo Sehen ist?

Das Leben nur bluttriefende Flaggen hisst
und er
gefangen in Finsternis

Nekrotanz

Joe wusste genau, was er wollte, was er suchte. Und er fand. Sein Balztanz war aufmerksam und zart. Zart genug, dass sie sich einließ und mit balzte. Er tanzte sich Stück für Stück in ihr Herz. Ihre Anzeichen waren eindeutig, doch er wollte ganz sichergehen. Bloß nichts übereilen. Prüfung um Prüfung legte er ihr vor, behutsam, sachte, und sie bestand sie alle.

Sie fuhren vor einem sehr alten Gebäude vor. Er verriet ihr, dass Urschriften auf eine Grundsteinlegung im späten 16. Jahrhundert hinwiesen. Ihr Blick beim Betreten der großen Empfangshalle mit den verschiedensten Trophäen an der Wand verriet ihm, dass jetzt von ihm höchste Aufmerksamkeit gefordert war.

„Bist du Jäger?", fragte sie schüchtern.

„Ich bin Tierpräparator", antwortete er mit ruhiger Stimme. Er nahm sie beim Arm und führte sie aus der Halle. „Möchtest du etwas trinken? Einen Kaffee vielleicht?"

„Oh ja, das ist eine gute Idee." Erleichtert folgte sie ihm, nur allzu bereit, die ersten düsteren Eindrücke schnell wieder loszuwerden. „Und ein Wasser dazu, bitte."

„Bin gleich zurück. Mach es dir schon mal bequem."

„Hast du gar keine..." Jeanette verstummte verschämt.

„Bediensteten?", vollendete Joe ihren Satz lächelnd. „Nein. Ich wohne hier … ganz alleine", sagte er leise lächelnd und verließ den Raum.

Für einen allein ist das hier ganz schön riesig, dachte Jeanette und ließ ihren Blick durch den Raum schweifen. Eine große Flügeltür zog sie magisch an. Sie ging hin und öffnete sie. Vor ihr tat sich eine Bibliothek auf. Regale, so hoch, dass die darin befindlichen Bücher nur mit einer Leiter zu erreichen waren. Sie schritt die Bücherreihen entlang, ihre Finger glitten dabei wie von selbst über die Buchrücken. Ein Buch mit dem Titel 'Der Tanz der Toten' stand ein wenig heraus. Sie wollte es gerade herausnehmen, da umfingen sie zärtlich zwei Arme von hinten. Sie erschrak heftig, weil Joe sich ihr so lautlos genähert hatte.

„Liest du gerne?", hauchte er ihr ins Ohr.
„Schon …" Seine wundervoll tiefe Stimme ließ sie dahinschmelzen. Der Schreckmoment wich einer angenehm aufsteigenden Sinnlichkeit.
„Komm! Dein Kaffee steht drüben. Und frisches Gebäck. Ich dachte, du hast vielleicht Appetit?"
„Das hört sich verlockend an."

Er nahm ihre Hand, küsste sie und führte sie zurück in das Salonzimmer. Lange saßen sie beieinander, flirteten, scherzten. Es dunkelte bereits, als er sie in den Arm nahm und zärtlich liebkoste. „Ich denke, unsere Zeit ist um", meinte er. „Nächstes Mal, Prinzessin, zeige ich dir mein ganzes Anwesen."
„Nächstes … Mal?" Ihre Enttäuschung war unüberhörbar.

„Ja", entgegnete er sachlich.

„Gibt es denn ein nächstes Mal? Ich meine, weil doch ... so gar nichts … "

„ ... passiert ist?" Er lachte. „Dachtest du, dass ich dich deswegen mit hierher genommen habe?"

Sie errötete sichtlich vor Scham.

Joe kniete sich zu ihren Füßen nieder. „Lass dir gesagt sein, Prinzessin, ich gehöre nicht zu dieser Sorte Männer, die einen schnellen Moment der Befriedigung suchen. Nein, *dich* habe ich gesucht und gefunden. Lass es uns langsam angehen, und zur rechten Zeit werden wir uns wahrhaftig vereinen." Sanft streichelte er ihre Wangen, hauchte ihr einen Kuss auf den Mund.

***

Joe stand unter der Dusche. Es war ihm wichtig, sich erst reinzuwaschen, bevor er sie wiedersah.

Gereinigt machte er sich auf den Weg hinab in das Kellergewölbe. Er entzündete eine Kerze. Das unterirdische Gewölbe war nicht mit Strom versorgt. Leise quietschend öffnete sich eine Wand, als er leicht dagegen presste. Ein Hauch von Moder wehte ihm entgegen. Im Schein der Kerze ging er einen langen, gebogenen Gang entlang, der tief ins Erdreich hineinführte. Am Ende des Ganges drückte er auf einen Stein in der Wand und eine weitere, verborgene Steintür öffnete sich kratzend.

Joe betrat einen großen, quadratischen Raum mit mehreren Zellen. Als er die Fackeln entzündete, durchdrang ein fünffaches Aufstöhnen den Raum.

„Schsch! Ruhig! Ich bin es, Euer Herr der Schatten.

Zeit für Speisung und Seligkeit!"

Drei von fünf bleichen Jünglingen drängten sich an die Eisenstäbe ihrer Einzelzellen. Hände streckten sich Joe bettelnd entgegen.

„Ah! Wie wundervoll Eure epidermie Bleiche sich derweil entwickelt hat!" Joe war hoch erfreut über das Ergebnis des permanenten Lichtentzugs. Das Kerzenlicht ließ die Körper der jungen Männer gespenstisch schön erstrahlen.

„Und Euer Körperbau erst! Vortrefflich!" Das Leben bei Wasser und Brot hatte die ehemals muskulösen, jungen Körper zu hageren, sehnigen Gerippen schmälern lassen.

„Was...ser!" Einer der Jungen musste husten.

„Jaja, sofort! Ich eile, ich fliege!"

Joe begab sich in einen Nebenraum. Hastig kratzte er das alte Brot zusammen und füllte kaltes Quellwasser in einen großen Krug.

Zurück im Verlies, öffnete er Zelle um Zelle, nährte seine bleichen Jünglinge, gab ihnen ausreichend Wasser zu trinken. Während sie ihr Brot aßen – wenngleich ohne jeden Anstand, eher Tieren gleich verschlangen sie es –, holte er einige Schüsseln Waschwasser.

Dieses Ritual liebte er besonders – die Waschung.

Knabe um Knabe wurde von ihm gereinigt. Jeden einzelnen Schritt des Ritus befolgte er ganz penibel. Dann gewährte er ihnen ein wenig Bewegung. Ihre schwache Muskulatur bedurfte etwas Durchblutung für den nächsten heiligen Akt.

Der Herr der Schatten begab sich derweil zu den eisigen Jungfern. Ihre frostkalten Augen blickten unbewegt, vermittelten irgendwie gleichzeitig einen blassen Hauch von vergangener Lebenslust. Ihre wachsbleiche Haut war wunderbar zart, geradezu samten. Stolz über seine Kunstfertigkeit stieg in ihm auf. Auch ihre Zellen öffnete er.

„Nun da ihr gestärkt seid, besteiget nunmehr die Gipfel der Lust und benetzet die Tore der ehrwürdigen Jungfern mit Euren heiligen Säften!", ermunterte er die Jugend.

Es war Joe stets ein Hochgenuss, dem lustschmerzenden Leiden seiner unsittlichen Leidensgenossen beiwohnen zu dürfen. Ihr heiseres Lamentieren klang in seinen Ohren wie sinfonische Brunstgesänge, was seine Lenden brennen machte. Er kämpfte die aufsteigende Hitze nieder, denn es erschien ihm unwürdig. Er lenkte seinen Fokus ganz auf das Lauschen ihres klagenden Stöhnens, das allmählich anschwoll zu einem Crescendo lustvoll atmenden Weinens, bis sich Knabe um Knabe in einem verzehrenden Seufzer entlud.

Wie auf Wolken getragen führte er schließlich die Jünglinge zurück in ihre Zellen. Ohne sie hernach noch eines weiteren Blickes oder Wortes zu würdigen, entschwebte Joe dem Gewölbe, nicht ohne sein Geheimnis in bittersüße, modrige Dunkelheit zu hüllen.

***

Als Joe mit seinem Auto vorfuhr, stürmte Jeanette aus dem Haus, wie ein kleines Mädchen, dessen Vater von einer langen Reise zurückgekehrt war.

Alle Contenance vergessend, riss sie die Wagentür auf und sprang ihm vom Autositz aus um den Hals, küsste ihn wild und ungestüm.

Joe erschrak. So kannte er seine Angebetete gar nicht. Bis dato hatte sie sich stets sittsam verhalten. Ab und an hatte er durchaus ihre aufflammende Leidenschaft gespürt. Eigenartigerweise hatte es ihn stets mehr irritiert als beglückt.

„Freust du dich gar nicht, mich zu sehen?" Sie schürzte gekränkt die Lippen.
„Doch, doch, es ist nur … "
„Es ist nur, was?" Jeanette hatte sich auf ihren Autositz zurückgezogen und nestelte nervös an ihrem Jackenärmel herum.
„Du … du bist auf einmal so …" Joe fehlten die Worte. Unwohlsein kroch in ihm hoch.
„Oh, war ich zu aufdringlich, Liebster? Verzeih! Ich … Wir haben uns so viele Tage nicht gesehen und da war meine Freude so groß und … bitte, es tut mir leid. Nicht böse sein, ja?" Jeanette setzte ihr verführerischstes Lächeln auf.
„Schon verziehen", entgegnete er tonlos.

Schweigend fuhren sie zu seinem Anwesen. Wie versprochen führte er sie herum, zeigte ihr die ehemaligen Stallungen, das mehrgeschossige Haus vom Erdgeschoss bis zum Dachboden. Sie war beeindruckt von der schlichten Moderne der Innenarchitektur, die in krassem Widerspruch zu Alter und Ausstrahlung des Gebäudes stand.

„Und? Wie wäre es mit einem Kaffee am Kamin?", fragte er sie, als sie die Treppen ins Erdgeschoss hinabstiegen.

Erfreut stimmte sie zu. Jeanette hoffte, dass er seine nach wie vor unerklärliche Zurückhaltung ihr gegenüber mit ein bisschen weiblicher Verführungskunst aufgeben würde. Sie schaute sich um und wählte das Doppelsofa, auf dem sie sich einladend, jedoch nicht zu aufreizend, drapierte. Als Joe mit Tee und Gebäck zurückkam, klopfte sie auf den Platz neben sich und lockte ihn mit sanfter Stimme.

Ein wenig zögerlich ließ Joe sich auf das Spiel ein. Ihm war bewusst, was sie von ihm erwartete. Unverständlich war ihm, weshalb er sich so gar nicht auf ihren duftenden Körper, ihre wunderbaren Küsse einlassen konnte von denen er Nacht für Nacht träumte. In seinen nächtlichen Visionen hatte er es wieder und wieder getan.

Wie zufällig berührte sie seine Hand, die sich kalt anfühlte. Sie nahm sie zwischen ihre Hände und rieb sie ihm warm. „Hast du öfters kalte Hände? Eigentlich ist das bloß bei Frauen so", kommentierte Jeanette kichernd. Sie bemühte sich, die Atmosphäre ein wenig aufzulockern.

„Vielleicht liegt es am Haus. Hier ist es oft so … kühl. Früher, als meine Mutter noch lebte …" Joe sprach den Satz nicht zu Ende.

Seine Mutter, die ihn abgöttisch geliebt hatte, die ihn niemals mit anderen hatte teilen wollen. Und eines Tages, lag sie aufgebahrt vor ihm. Er fühlte sich so einsam ohne sie, konnte sich nicht trennen von ihr, schenkte ihr, anstatt sie billig in der Erde zu verscharren, einen angenehm schattigen, stillen Raum, wo er sie fortan regelmäßig betrachten konnte. Betrachten und fühlen.

„Was war zu Lebzeiten deiner Mutter?" Jeanette nahm dankbar seine Worte auf. Dabei rückte sie näher an ihn heran. Sie schmiegte sich an ihn, rieb sich sacht an seinem Körper, erschrak ein wenig, denn wie sonst nur des Nachts, löste sich unerwartet eine tief sitzende Spannung und bereitete ihr wohlige Wonneschauer, die ihren gesamten Körper lustvoll durchfluteten.

Joe fühlte Jeanettes Vibrieren, spürte ihre Leidenschaft. Er konnte sogar ihre Feuchtigkeit riechen. Entsetzt stellte er fest, dass er nicht mal einen Hauch von Erregung, sondern bloß Ekel verspürte.
Ach, um wie vieles freudvoller waren die vor Lustschmerzen stöhnenden, sich windenden Knabenkörper! Angewidert über sich selbst schüttelte er sich.

„Du spürst es auch, nicht wahr?", flüsterte Jeanette ihm sanft ins Ohr. „Ich fühle, wie du zitterst."
„Ja, ich spüre es auch", log er mit heiserer Stimme.

Damit der aufgestiegene Ekel sein Gesicht nicht zu einer Würgemaske verzerrte, lenkte Joe ab und meinte, er hätte etwas in der Küche vergessen. Er entwand sich ihren Armen und machte, dass er schnell, doch nicht zu hastig, aus dem Zimmer kam. Er schaffte es gerade noch bis zur Gästetoilette, dann gab es für seine Gedärme kein Halten mehr. Erschöpft sank er vor der Schüssel nieder. Sein Kopf war kurz vor dem Zerbersten.

Er vermochte keinen klaren Gedanken zu fassen. Ihm fiel die einzige denkbare Lösung für diese Situation ein: Er würde Rat bei seiner Mutter suchen.

Ächzend erhob er sich und schaute sich im Spiegel an. Er sah furchtbar aus. Keine Spur von Liebeszauber.

Er wusch sich das Gesicht, spülte den Mund aus, warf einen letzten Blick auf das Du im Spiegel. Angestrengt bewegte er seinen Körper zurück zu Jeanette. Er sprach von leichten Kreislauf-beschwerden und entschuldigte sich dafür bei ihr.

„Soll ich lieber nach Hause fahren?", fragte sie besorgt und stand auf. „Wir können ja ein Taxi rufen."

„Nein, nein, bitte setze dich!" Seine kalte Hand griff steif nach ihrer warmen Hand. „Wenn du erlaubst, ziehe ich mich für ein paar Momente zurück. Das hilft mir immer. Wir wollten es uns doch schön machen", sagte er mit matter Stimme.

„Ja, ich weiß, aber wenn es dir doch nicht gut geht?"

„Prinzessin, bitte, gestattest du mir einen kurzweiligen Rückzug? Wenn du magst, kannst du so lange ein wenig in der Bibliothek lesen."

„Bist du ganz sicher?"

Joe nickte bleich, drehte sich um und begab sich

schleppend hinauf in den zweiten Stock, in den geheimen Raum hinter seinem Schlafzimmer.

***

Jeanette saß eine Weile wie versteinert auf dem Sofa. Tausend Fragen jagten ihr durch den Kopf. Um ihre wilden Gedankenstürme irgendwie zu bändigen, nahm sie seinen Vorschlag an, in der Bibliothek ein wenig schmökern zu gehen. Unentschlossen blickte sie auf die Unmenge von Büchern. Sie erinnerte sich des einen Buches, das ihr bei ihrem ersten Besuch aufgefallen war. Es stand unberührt an seinem Platz. Sie nahm den schmalen, braunen Einband, ließ sich auf der Lesebank nieder und begann zu lesen.

Die Geschichte handelte von einem Nekromanten, der sich im Schatten der Nacht zehn Jungen und Mädchen, zart an Alter, frühreif an Geschlecht, vampirgleich eroberte. Einige Wochen ergötzte sich der Held an der vergänglichen Jugend, gab ihnen schließlich einen Schlaftrunk, der sie schnell und friedlich ihrem Ableben zuführte. Er konservierte die Leichname, nahm sich jeden Tag ein anderes Junges zu seiner lustvollen Befriedigung. Nach zehn Tagen war es so weit, er hatte alles vorbereitet …

„Prinzessin, komm! Alles ist vorbereitet."
Jeanette schrie auf vor Schreck. Das Buch entglitt ihren Händen als sie im Reflex aufsprang.
„Entschuldigung, Liebste! Das wollte ich nicht."

Jeanette stierte Joe an, als wäre er ein Geist. Völlig verändert war er. Sein Gesicht war jetzt rosig, die Haut glatt und seine Augen glänzten. Von einer Schwäche keine Spur mehr.

„Du siehst ... so anders …", stotterte sie irritiert. „Alles wieder in Ordnung mit dir?"

„Ja, ich brauchte ein bisschen innere Einkehr. Das war alles." Seine sonore Stimme wirkte beruhigend auf sie.

„Komm! Ich habe eine kleine Überraschung vorbereitet."

„Was für eine Überraschung? Wann …" Es dämmerte ihr. „Oh, du Unhold!", rief sie lachend aus. „Was für eine Scharade!"

Joe kam bedächtig auf sie zu und kniete vor ihr nieder. Mit einer feierlichen Stimme sprach er: „Liebste Auserkorene dieser und aller Welten, willst du meine Angetraute sein? Auf immer und ewig?"

Jeanette sank, einer Ohnmacht nahe, zurück auf die Lesebank.

„Du meinst, … ich …? Das … wie … ich weiß nicht. Das kommt … irgendwie … ein wenig überraschend."

Er lachte. „Ich weiß." Zart nahm er ihre kalten Hände in seine angenehm warmen.

„Und? Willst du?"

Tränen schossen ihr in die Augen und sie atmete ein fast unvernehmliches „Ja!" in den Raum.

„Wundervoll! Komm und folge mir!"

Er erhob sich und sie folgte ihm wie auf Wolken getragen. Gemeinsam schwebten sie hinab in die

Tiefen des Kellergewölbes.

Er reichte ihr eine Kerze und entzündete sie.

Leise quietschend öffnete sich eine Wand, als Joe leicht dagegen presste. Er blieb einen Moment stehen, schaute sie seltsam verzückt an. Dann beugte er sich über sie und küsste sie wie er sie nie zuvor geküsst hatte. Sie gab sich seinem Kuss hin als wäre es ihr allerletzter Kuss.

Er zog sie weiter. Sie stolperte ihm aufgeregt kichernd den langen, gebogenen Gang hinterher. An seinem Ende angekommen, drückte er auf einen Stein in der Wand und eine weitere, verborgene Steintür öffnete sich kratzend.

Sie betraten einen großen, quadratischen Raum, in dem unzählige Kerzen leuchteten.

„Oh, wie romantisch!", rief sie gerührt. Sie nahm einen süßherben, modrigen Duft wahr, der betörend auf sie wirkte.

An der einen Wand des Raumes standen fünf edel geschmückte Knaben, zart und strahlend in ihrem festlichen Erscheinen. Galant umfassten sie die Hüften fünf junger Mädchen, wunderhübsch anzusehen, seltsam starr ihr Blick. In der freien Hand trug jeder Jüngling eine brennende Kerze.

„Es ist so weit", erklärte Joe mit geheimnisvoller, rauchiger Stimme. „Komm, lass uns tanzen!" Sie begaben sich an den Kopf der Tanzgruppe. Joe legte seine Hand fest um Jeanettes Hüfte, in der anderen hielt er die Kerze. „Dies ist unser Hochzeitstanz", raunte er ihr ins Ohr, „ein Branle de Chandelier."

Musik erklang und der Tanz begann. Verliebt ließ Jeanette sich von Joe führen. Mit all ihrer Hingabe legte sie ihren Körper wiegend in seinen starken Arm, folgte seinen Schritten. Die steife Führung der Jünglinge, die ihre toten Bräute zum Tanz geleiteten, bemerkte sie nicht.

Als die letzten Takte verklangen, zog er Jeanette in die Mitte des Raums. Er kniete sich vor ihr nieder und erklärte ihr seine ewige Liebe, seine brennende Leidenschaft und seinen Willen, sich nunmehr auf immer mit ihr im strahlenden Lichterglanz zu vereinen. Er warf seine Kerze von sich und das Feuer breitete sich in Windeseile aus, leckte die vor Schmerz aufschreienden Mittänzer an, begann sie unter wildem Gebrause zu verzehren.

Jeanette erstarrte einen Augenblick zur Salzsäule, dann rief sie panisch um Hilfe. Sie zwang sich aus ihrer Versteinerung heraus, wollte aus dem Raum stürzen, aber eine Feuerwand versperrte ihr den einzigen Ausgang. Hungrige Feuerfinger griffen nach ihr. Sie entbrannte und schrie, furchtbare Qualen erleidend, bis endlich ihr Atem erstarb.

Joe betrachtete das kurzweilige Schauspiel vom Zentrum des Gewölbes aus. Er lachte dabei wie besessen und warf sich schließlich willig jauchzend den züngelnden Flammen entgegen.

Das letzte Wort, das im brennenden Gewölbe zu vernehmen war, lautete: „Vollbracht!"

Abenddämmerung

der tag endet bevor er begonnen

die gischt des lebens zwischen den fingern
zerronnen

die brandweinende flasche an den hals gesetzt

mit dem dolch der trunkenheit die innere wahrheit
verletzt

nackt in die üppigen wonnen gekrochen

mit vibrierenden fingern tief in sich eingestochen

wollüstigen träumen sich hingegeben

doppelbildende visionen eines anderen lebens

sich hingebendes tauchen in überschäumende
wogen

am ende des tages auf immer davon geflogen

Der Orkan

das Seelenschiff schaukelt
steuerlos
in den wüsten Wogen
giftig, schäumender Gischt

ein Heulen, Brausen und Stöhnen
des nicht enden wollenden Orkans
das ewige Ächzen und Knarren der Planken
vom ständigen Auf und Ab
des wütenden Wassers

die einst vom Wind geblähten Segel
hängen nur noch in Fetzen vom Mast
das Ruder zerborsten
Feuer an Deck
vom eingeschlagenen Blitz

Nichts kann ich tun –
die Götter kennen keine Gnade
es ist die Zeit
des Ausverkaufs der Seele
Die grausame Kali will nach mir greifen
Neptun, bereit mich zu verschlingen

Nichts kann ich tun –
nur mich an der Reling festkrallen

nicht mal mehr Galle speien vor Übelkeit
der Körper wie taub
der Kopf so leer
keine Gedanken mehr an gar nichts

Ich weiß nur eines:
was auch immer jetzt noch kommen mag
so oder so
irgendwo dort im Unbekannten ist das Licht –

entweder das Licht
am Ende des Tunnels
oder das Licht
der unendlich währenden Ewigkeit.

Lieder im Wind

„Dich" flüstert es
und macht ihn frieren
er will es einfach nicht kapieren

„Komm" raunt es
nichts soll ihn stören
will er es doch gar nicht hören

Lieber weint er leise in die Zeit
schreitet blind und achtungslos
in zornige Vergessenheit
wird seine Bürde niemals los

„Erlöse dich" singt es
er gibt die Worte wieder
leer und bleich sind seine Lieder

„Nur dich" haucht es
und macht ihn frösteln
keine Wärme wird ihn trösten

Lieber sucht er im Trauerlicht
tastet jeden kalten Stein
und findet nichts als Finsternis
nährt weiter bloß sein Kummersein

„Hab ich dich" schwingt es
und pinnt ihn fest
es riecht so tot nach Liebespest

„Du bist mein" summt es
und er will fliehen
will gegen sie zu Felde ziehen

Entzündet zornig er ein prasselnd Feuer
bekämpft er liebeswütende Dämonen
sie verhöhnen ihn, die Ungeheuer
sein Messer schneidet Steinikonen

Blut aus seinen Augen rinnt
er weiß, was es für Tränen sind
und leise Lieder singt der Wind

Er weiß, er war der Auserkor'ne,
und diesen Krieg hat er verloren,
denn er ist für sie geboren

So nimmt er sich die Klinge dann
blickt klagend noch die Sterne an
stirbt heldenhaft als ganzer Mann

Verlorener Wanderer

Genesen
an den Baumstümpfen geistiger Armut
lehnt sich der
verlorene Wanderer
an die kargen Überreste seines Seins

Stündlich
verflüssigt sich seine Wut
saugt er einem Baby gleich
den innerlich alles zerfressenden
zersetzenden
heiß brennenden Saft
inhaliert ihn
unablässig
den ätherischen Saft ewiger Verderbtheit

Verdammt ist er
und bereit
und noch viel mehr als das
den Tod
ehrenvoll zu umarmen
keine Träne
ist er willens zu vergießen
denn sie lehrten ihn:
ein Indianer kennt keinen Schmerz!

Die ihm gereichten Hände
schlug er schon beizeiten ab
die ihm gewiesenen Wege heraus
ignorierte er beständig

Er zog es vor
in seinem selbst erschaffenen Gefängnis
tränenloser Trauer
zu nächtigen

Sein eisstarres Lächeln verfinstert sich plötzlich
ein Hauch von Grausamkeit
ist deutlich im Raum zu spüren

Er erhebt sich taumelnd sodann
wankt und schwankt
schon trotzig fast
in die rotzürnenden Gewässer
bereit sein Leid
im blutigen Bad
auf ewig
zuckend
zu ertränken

Nie mehr

nie mehr wird sein, was dereinst war
sie sieht die zeichen
erkennt sie flüchtend
und flicht sich ihre baren zöpfe

sanftmütig lächelt das leben ihr entgegen
tränen rinnen ihr herab
sie weiß nichts weiter vorzubringen
weiß nur, es ist zeit fürs grab

der herr lacht über sie
freut sich ewig über ihr erscheinen
sie weiß nicht, was sie will
und speit ihm mitten ins gesicht

respekt! ruft er und lacht sie aus
doch bevor sie
auf ein neues in wut erbricht
hält er sie, küsst heftig ihr liebend angesicht

gemeinsames wächst
sie weiß nicht woher, noch warum
er trägt auf seinen händen sie
lachend vögelt er ihr holdes knie
wünscht sie ihn zur hölle doch
liebt sie ihn geschwürlos – noch
bettet er ihr lieblos sein
auf rosen in seinem eig'nen hain

nie mehr wird sein wie je zuvor
er knabbert zärtlich an ihrem ohr
sie will sich ihm entreißen
doch er tut ihr 'nen haufen liebe scheißen

sie damit bedecken lieblich gar
sie öffnet ihre zöpfe zu langem haar
nimmt ihn zärtlich sich zur brust
drückt küssend ihn zu tode, ganz bewusst

nie mehr wird sein, was dereinst war
sie flicht zöpfe aus ihrem langen haar
legt den tod zu seinen füßen
wird beizeiten seinen kalten körper küssen
und weder ihn, noch sonst wen missen

Wo die Seele wohnt

Schon seit Kindestagen
will er es wissen –
Was ist die Seele?
Wo wohnt die Seele?

Er ging in die Kirche zum Beten
und fand sie nicht
Er reiste durch ferne Länder
und fand sie nicht
Er ging an den Horizont
und fand sie nicht
Er schrie die Sterne an verzweifelt
und fand sie nicht

Er suchte Liebe
und hat sie gefunden
doch die Seele blieb verschwunden
versteckte weiter sich vor ihm

Wo Liebe ist,
da muss auch Seele sein
So grübelt er und grübelt
weil er nicht versteht
bis der Wahnsinn ihn schließlich packt

So macht er sich auf denn
beginnt erneut zu suchen
die Metaphysis des Seins
ganz weltlich
ganz irdisch
ganz körperlich

Opfer um Opfer
nimmt er dankbar an
schneidet sie auf
bei lebendigem Leib
denn im Tod ist sie nicht zu finden,
die Seele,
das weiß er genau

Er schaut in den Kopf
Er schaut ins Gedärm
Er schaut ins Gebein
Er weidet sie aus

Doch wo die Seele wohnt
fand er nie heraus

Dunkle Schönheit

Sie bürstet ihr langes, schwarzes Haar
seidenglatt und bläulich schimmernd
von Natur es ist
ihre saphirblauen Augen strahlen ihr
munter entgegen
ein verträumtes Lächeln
des wildfruchtigen Himbeermundes
aus dem schneeweiß
die ebenmäßigen Zähne blitzen

Aus will sie gehen
ihre Netze werfen
neue Trophäen will sie sammeln

Kleidet sich in ihr schönstes Gewand
selbst entworfen
selbst genäht
ein Kleid aus weich wallendem, blauen Samt
ein tiefer Ausschnitt
verrät ein erfüllendes Dekolleté

gleichmäßiger Atem
lässt ihre Brüste wogen
sie auf und nieder heben
ungelogen
versinken möchtest du
in Brust und Blick
sofort und ewig geil
nie mehr zurück

Sie ist sich ihrer Wirkung voll bewusst
und der schwere, süße Wein
den feierlich sie kredenzt
wird sie sicherlich beschwören
den Genuss
die Lust

Und so sicher
wie das Amen in der Kirche
fängt sie Tag um Tag den Fisch
mal die Großen
mal die Kleinen
keinen wird sie je verstoßen
keinen wird sie je beweinen

Sie bezaubert
sie betört
bis auch das letzte Fischlein sie erhört
ihr verloren nachschwimmt
voll der Sehnsucht
voll der Lust

Und so führt sie
Fisch um Fisch
in ihre seidenen Gemächer
wo sie sich entschält
wo sie sich entblättert
Schicht um Schicht
erst die Kleider
dann das Haar
zum Schluss die Zähne

Und das Fischlein zappelt
erst vor Lust
bis sie denn mit Hochgenuss
und messerspitzen Zähnen
des Gemächtes seiner sich bemächtigt

Das Fischlein zittert
dann vor Schmerz
als sie mit blutverschmiertem Mund
aus der Brust reißt
ihm das Herz

Satanisch grinsend und blutbesudelt
nimmt sie das Gebein
so tot, so kalt
zerrt es wie ein wütend Tier
raus
aus ihrem Haus
in den tiefen finsteren Wald
wo sie erloschenes Sein
kellertief verbuddelt

Bereit sodann zurückzukehren
und hinter den verschlossenen Türen
aufzureihen Herz und Glied
für lange sie zu konservieren
um auch für die schlechte Tid
sich schmackhaft wohl zu nähren

Pfeil und Bogen

Des Elends Bogen weit gespannt
Den Pfeil ins Lebenszentrum abgeschickt
traf nur auf einen kalten Stein

zerbrach

Schätzchen in der Truhe

Als er klein war, barg die Welt um ihn herum viele lockende Geheimnisse. Helle Geheimnisse. Dunkle Geheimnisse. Wie gern erinnerte er sich an diese Zeit der Unbeschwertheit zurück. Zeit der Blauäugigkeit.

„Blaue Augen. Alle Babys haben blaue Augen, wenn sie auf die Welt kommen. Ich habe auch blaue Augen. Ebenso meine Mutter. Mutter …"

Irgendwann hatte er sich entschlossen, die Farbe Blau aus seinem Leben zu verbannen. Er trug seitdem nur Schwarz. Manchmal auch Dunkelgrau. Wenn sie ihn ließen. Und zum Zähneputzen setzten sie ihm die Augenbinde auf, damit er seine blauen Augen nicht sah. Nicht sehen musste.

„Wie leuchtende Sterne sehen sie aus, hatten meine kleinen Freundinnen gesagt. Ich war sehr stolz darauf. Damals."

„Der Michael … es geht wieder los!", meint die Krankenschwester kopfschüttelnd zu ihrem Kollegen. „Ich bereite lieber mal alles vor, falls es wieder so schlimm wie die letzten Tage wird."

„Sterne. Heute stehen gar keine am Himmel. Muss wohl daran liegen, dass es noch hell ist."

Er lächelte.

„Wie dumm von mir. Mitten am Tag nach den Sternen Ausschau zu halten. Tag. Welcher Tag heute wohl sein mag?"

Er hatte jegliches Zeitgefühl verloren.
Seit jenem Tag ...

„Hm, sieht so aus, als ob seine Unruhe doch zunimmt."
„Soll ich ihm nicht lieber ..." Der Pfleger will los ins Schwesternzimmer.
„Nein, nein. Er hat ja seine Medikamente bekommen. Bestimmt beruhigt er sich gleich wieder. Wir warten noch."

„Die Erde dreht sich. Sie bewegt sich weiter und weiter. Ob das irgendeinen Sinn macht, diese Bewegung?

Ich hatte mich immer gerne bewegt. Früher. Wie furchtbar gerne ich gelaufen bin. Die Treppen hoch. Die Treppen runter.

Und Verstecken hatte ich gerne gespielt. Meine Verstecke waren einfach zu gut gewesen. Manchmal suchte sie mich tagelang. Gefunden hatte sie mich nie."

Da war er noch klein, als er sich im Dunkeln versteckt hatte.
Vor ihr ...

„Hab ich's nicht gesagt?! Er beruhigt sich." Die Krankenschwester lächelt zufrieden und lehnt sich entspannt zurück.

Als die Schulzeit begonnen hatte, war ihm das Spiel langweilig geworden. Da wohnte er allerdings nicht mehr bei ihr. Da lebte er woanders. War nett da. Ungewohnt. Vor allem gab es da zu essen. Dreimal am Tag und sogar warme Küche. Dick war er trotzdem nicht geworden, nur groß.

„Na, Michael? Alles klar?", fragt die Krankenschwester. Er zeigt keinerlei Reaktion, sondern starrt schweigend vor sich hin.
„Komm, ich lockere dir die Ärmel etwas, ja?"
Sie weiß, er wird nicht antworten. Er kann nicht. Sein Sprachzentrum ist beschädigt.

„Auf einmal war ich wieder bei ihr. Warum eigentlich? Vermisst hatte ich sie nie.

Es wird bald dunkel. Ich liebe die Nacht, nicht den Abend. Ich mag es nicht, wenn die Sonne sinkt und ihr furchtbar rotes Licht verstrahlt. Ich hasse Rot!"

Nein, die Nacht mit ihren Sternen, die liebte er über alles. Da fühlte er sich sicher.
Besonders vor ihr …

„Nanana, ganz ruhig, Brauner!", ruft der Pfleger Michael zu, als dieser neuerlich anfängt hin- und herzuschaukeln. Diesmal beteiligt sich auch der Kopf mit. Michael verzieht sein Gesicht zu einer Grimasse.

„Blaue Sterne."

Er musste lächeln.

„Blaue ... Augen."

Sein Lächeln gefror auf den Lippen.

„Babys haben immer blaue Augen bei der Geburt, hatte sie erzählt. Da spielten wir ein Kinderspiel: Schätzchen in der Truhe. Sie hatte es mir schon in Kindertagen versprochen. Aber dann war ich ja weg gewesen. Und als ich wieder zu ihr zurückkam, war ich nicht mehr klein."

Der Pfleger legt beruhigend seine Hände auf Michaels Schulter, der zunehmend wilder schaukelt. Sein Kopf fällt dabei hin und her, und er gibt wimmernde Laute von sich.

„Dunkel. Keller. Ich soll in den Keller gehen für das Spiel. Zur Truhe, die versprochenen Schätze finden."

Er war stets ein braver Junge gewesen. Außer manchmal, wenn sie ihre Anfälle hatte, wo sie wie wild um sich schlug und alles verprügelte, was ihr in den Weg kam. Grundlos. Da war er nicht lieb. Da war er lieber weggerannt, hatte sich versteckt im Keller.
Vor ihr …

„Ich öffne die Truhe. Da liegen sie. Wie versprochen. Ein halbes Dutzend kleine, kalte Schätzchen. Tiefgefroren. In Eis gemeißelte Grimassen. Ihre Augen sind blau. Gefrorenes Blau.
„Zeit für dich, endlich zu ihnen zu gehen!"

Erschrocken fuhr er herum und sah noch, wie sie mit dem gezückten Messer auf ihn zustürzte.
Dann wurde es finster.

„Oh Jesus! Schnell, die Spritze!", kreischt die Krankenschwester und bemüht sich, den jetzt heftig zappelnden und laut stöhnenden Mann festzuhalten. Der Pfleger verabreicht ihm das Beruhigungsmittel.

„Verdammt! Jeden zweiten Tag", flucht er dabei.
Die Schwester wischt sich den Schweiß von der Stirn.
„Ich verstehe es auch nicht. Ich wünschte, wir könnten in seinen Kopf hineinschauen. Zehn Jahre ist es jetzt her. Und jedes Jahr um diese Zeit macht er Randale. Möglicherweise erinnert er sich ja daran?"

„Du meinst, er pflegt so eine Art Gedenktag?" Der Pfleger schüttelt zweifelnd seinen Kopf. „Glaubste wirklich, der hat überhaupt Erinnerung? Ich meine, der Sturz auf die Truhe, das schwer verletzte Gehirn, monatelang im Koma?"

„Ich bin mir auch nicht sicher, ob er noch etwas weiß. Aber vielleicht sind es eben doch diese letzten Bilder seines alten Lebens, die ihn dauernd aufs Neue quälen – die toten Babys in der Tiefkühltruhe und seine tote Mutter blutend auf ihm liegend, nachdem sie in ihr Messer gestürzt war?"

Fleischzeit

weiß verkleidet
unverblümt
das Haar zum Zopf gebunden
ungesühnt
geht sie von Raum zu Raum
vor dem Mund
bildet sich
ungeahnt und unerkannt
milchig weiß der blut'ge Schaum

gemessene Temperatur
zu hoch
zu tief
schlagender Puls
so heftig unter dem tastenden Finger wandernd
zuckend
flatternd
versucht er sich hinter seinem
Alter zu verstecken –
Klang der Zeiten

die quellblutigen Gefäße
den roten Saft des Lebens transportierend
zu schnell
zu tief
zu hoch
mal fließend
mal stockend
stets im kreislichen Lauf

geschwind, geschwind
mein Kind,

hin zum blutigen Zucker!
Stich ihm in die Finger!
Tief und bis auf die Knochen, ja!

Nimm ihm sein Blut
und schau es dir gut an
in welch wunderschönem Rot
es aus ihm quillt
zu gräuslich spritzenden Fontänen anschwillt

Schrill prallt der
leuchtend rote Lebenssaft
auf ihr strahlendes Weiß
die Augen furchtgeweitet
zum schnarrenden Irrsinn fehlgeleitet
fallen ihre Kleider nunmehr
und ihre Unschuld auch
ihr Haar öffnet sich
und mit öffentlich festem Griff
biegt sie wild seinen Kopf zur Seite
leckt zischelnd seinen weißen Hals
um schließlich
ihre spitzen, blütenweißen Zähne
recht tief
in den selbigen zu bohren
und gierig
den herrlich sprudelnden Saft zu kosten

Geronto fiel

In dunklen Gemächern
geheimnisvoll
verborgen
im tiefsten Innern

er schreitet
tag für tag
hin zu den palästen
in den fernen gefilden gerontos

tag aus
tag ein
das knitternde fleisch reinigend
die faltige haut entfaltend
die zittrigen finger
zum munde führend

schauer der widerlichkeit
wollen ihn übermannen
als er die bräunlich schimmernden
überreste der selbstverwertung
der epidermis zu entwinden sucht

schauer der wollust
überkommen ihn

In dunklen Gemächern
geheimnisvoll
verborgen
im tiefsten Innern
schwillt an

schauer der wollust
beim anblick
der primären geschlechtsmerkmale
nutzlos
alt
geruchsbindend

In dunklen Gemächern
geheimnisvoll
verborgen
im tiefsten Innern
schwillt an
der schauerliche Ton

schlitzliche Vulva
geschwollene Klitoris
weite offene, rosa schimmernde Vagina
tief
alt
geruchsbindend –
so ungenutzt

In dunklen Gemächern
geheimnisvoll
verborgen
im tiefsten Innern
schwillt an
der schauerliche Ton
unaufhörlicher geifernder Wollust

und Geronto fiel
ihm zu Ehren
beugt und krümmt sie sich
ein letztes Mal
bis auch die deadline erlischt

Fedo, peel, please

Schleich' mich herum
am Garten spielender Kinder
lausche den Stimmen
der fröhlichen Kinderschar

Lasse mich nieder
auf der Bank an der Buche –
so habe ich den guten Blick

Vor lauter Aufregung
pocht es wild in mir,
nein,
nicht mein Herz

Fasse mir
unauffällig
in den Schritt
und summe schnell ein heiseres Lied –
dies wird ihn in Schlummer wiegen

Mein Herz schlägt höher dann,
denn ein Engel blickt mich an
mit großen, braunen Kinderaugen
ein wundervoll geschwungener
Kindermund lächelt –
offen und herzlich und strahlend,
so unschuldig

Schnell summe ich mein Lied
und weiß:
Du bist es, den ich will,
auf den so lange ich gewartet

Sehnsüchtig schau ich ihm hinterher
ein letzter, stummer Abschiedsgruß
als er geht
gehe auch ich
schlendere ihm hinterher
unauffällig
zu fällig

Tag um Tag
ruhe ich nun auf der Bank
von den ausgiebigen Spaziergängen
um sein Haus herum,
welches weit entfernt von meinem

Seinen Namen kenn' ich nun –
Fedo
seine Herkunft kenn' ich nun –
fremde Lande haben ihn geprägt
ihn und seine unaussprechliche Schönheit

leise flüstere ich seinen Namen
zärtlich
wieder und wieder
Fed - Fedo – Fed
und summe
ihm
mein heiseres Lied

Ich wache auf und weiß:
heute ist der rechte Tag!

ein guter Tag
zum sorgsam ausgewählten Ort
sich zu begeben –
bereite alles vor
stimme uns heiser ein

Längst schon kenne ich seine Wege
seine geheimen Plätze
und Verstecke
oh Fedo – Fedo
wispere ich in freudiger Erwartung
erregt

Als sie Versteck spielen
suche ich ihn
heim
erscheine ihm
er erkennt mich
er freut sich
vertraut und folgt mir
an den geheimen Ort
wo Süßes
lustvolle Wonnen zu werden
verspricht

Ich summe lauter
denn der Engel Chöre
will mein Gemächt schier
bersten lassen
mein Gehirn
zum Platzen

Als er mitsingen will
halte ich ihn
fest

und seinen Mund
fest zu
wiege ihn
sanft in meinen Armen
bis er verstummt

Still jetzt und bleich
liegt er in meinen Armen
die dereinst kindlich leuchtend braunen Augen
weit geöffnet
und die Sonne spiegelt sich in ihnen
gebrochen

Fedo, peel, please –
kein Ende kann ich finden
und ich schäle ihn aus seinen Kleidern
pelle mich sodann
aus meiner, ach, so engen Haut
und lustvoll summen wir zu zweien

Schade,
dass ihm das Süße nicht so munden wollte!

Ich lege mir jetzt wieder
meine wärmende, schützende Haut an
und blicke
ein letztes Mal
auf das leblose Bündel Fleisch
zu meinen Füßen

Dann wende ich mich ab
verzehre die köstliche Süßigkeit allein
und mache mich auf den Weg
summend
in Richtung
Garten der spielenden Kinder

Das Ende der Dunkelheit

Verfinstert bewegt es sich
das schattige Licht
welches uns allen eigen ist

Sie kann es sehen
kann es verstehen
kann ihm jedoch keine Namen geben

Zu jung an Tagen
stellt sie keine Fragen
will das Licht nur in ihrem Herzen tragen

Bewegt sie sich durch ihre Welt
schaut klar, wohin der Schatten fällt
manchmal finster, manchmal hell

Lernt auch die Angst sie kennen
kann dunkle Schatten beim Namen nennen
machen klamm ihr Herz vor Kälte brennen

Die Zeit vergeht
im schnellen Schritt
zerrt ungefragt das Mädchen mit

Lässt alle Schatten sie vergessen
nur noch der graue Alltag zählt
in ihrer selbstverlornen Welt

Das Schicksal ruft
ein schattiger Fluch
lebendig begraben in des Vaters Gruft

Gibt sie ihm einen letzten Kuss
verlässt die Höhle des Alltags-Muss
für immer ohne Abschiedsgruß

Kann es überdeutlich nun erkennen
wenngleich Nebel sie lange vom Leben trennten
kann jetzt Schatten und Licht beim Namen nennen

Fluch des Benu

Erhebe dich aus den dunklen Federn
trauriger Selbstvergessenheit
kämpfst du ständig ums Überleben
flieg, Benu, dein Weg ist weit

In Asche magst du wohl versinken
aus der Asche gehst du hervor
wirst in Grausamkeit ertrinken
öffnest du weit das Sonnentor

Der Sonnenstrahlen bitterer Kälte
drehen lau am Rad der Zeit
sterbendes Leben in allen Welten
flieg, Benu, dein Weg ist weit

Unsterblich in die Zeit gepinnt
rüttelst du mit deinen Flügeln
der Tod dir durch die Krallen rinnt
wirst wohl niemals ihn besiegen

Ewiges Sein, dein Lebensfluch
erstarren wir alle vor blankem Neid
du lässt kein Sterben unversucht
flieg, Benu, dein Weg ist weit

Abschied mit Beilagen

Als sie das Zimmer betrat, fand sie ihre Mutter mit weit aufgerissenen Augen und schwer atmend in ihrem Bett vor. Tränen schossen ihr in die Augen – nun gab es wirklich kein Zurück mehr. Das leidvolle Warten würde ein eindeutiges Ende haben.

„Mama?" Sie nahm ihre Hand. Unter Tränen wandte sie sich an die Pflegerin: „Bitte, ist es möglich, dass ich mit ihr alleine bin?"
Die Pflegerin nickte und verließ das Zimmer.
Sie rückte sich den Stuhl näher ans Bett und setzt sich, immer noch die Hand haltend. Ihren Tränen ließ sie freien Lauf, streichelte dabei Arm und Hand ihrer Mama.
Momentaufnahmen der gemeinsamen Vergangenheit schossen ihr durch den Kopf. Sie begann zu singen. Ghospel, den liebte ihre Mutter so sehr. Und die Zeit dehnte sich aus … Sie sang Lied um Lied. Irgendwann fielen ihr keine Ghospelsongs mehr ein.
„Mama, ich bin bei dir, und die anderen, sie sind schon lange dort – sie warten auf dich, Mama. Lass ruhig los! Alles ist gut!"
Aus einem plötzlichen Impuls heraus stimmte sie einen ihrer eigenen Songs an. Als hätte ihre Mutter nur darauf gewartet, entspannte sie sich sofort. Sie sank in ihr Kissen und schloss ihre Augen. Langsam wurde ihr Atem flacher, die Pausen

zwischen den Atemzügen größer.

Sie sang bis zum letzten erlösenden Atemzug. Ein eisiger Schauer jagte durch ihren Körper. Sie schluchzte auf, durchströmt von Trauer und Glückseligkeit zugleich. So verweilte sie bei ihrer Mama und hielt ihre kalte Hand.

Irgendwann krümmte sich die Zeit und holte sie zurück in die Realität der Lebenden. Ein sanftes Drücken der Hand, dann ließ sie los. Noch ein letztes Mal streichelte sie ihr friedliches Gesicht.

„Mama …"

Sie schluchzte nicht mehr, nur leise Tränen liefen ihre Wangen hinunter.

Wie bei einer Infusion tropften erste Gedanken in ihr Bewusstsein, was als Nächstes zu tun wäre. Sie rief die Pflegerin, damit die weiteren Schritte getan werden konnten: einen Arzt für die Leichenbeschau einbestellen.

„Der Bestatter", dachte sie. „Wer war das nochmal?" Sie blätterte in ihrem Handy, wurde fündig und rief dort an.

„Marginski", trötete es in ihr Ohr. Laute Musik im Hintergrund.

„Guten Abend! Kunze hier." Sie schluchzte wieder auf. „Meine Mama …"

„Kennen wir uns?", fragte die Stimme am Ohr.

„Ja, ja. … Ich … war … bei Ihnen, um … alles Notwendige … für den …"

„Achso! Schade! Schöne Stimme haben Sie. Also, ich habe den Laden vor drei Jahren verscherbelt. War nicht mein Ding. Rufen Sie einfach bei der Konkurrenz an!"

„Aber … der Treuhandfond …", wandte sie ein.

„Hm, naja, rufen Sie halt meine Nachfolge an." Mit einem „Klick" entzog sich Herr Marginski kurzum jedem weiteren Dialog.

Verdutzt starrte sie auf das Handy, dann zu Ihrer Mutter.

„Mama?! Was ist denn das jetzt für eine Scharade?"

Kopfschüttelnd suchte sie sich die Nummer des Bestattungsinstituts aus dem Internet. Die Nachfolgerin nahm alles in die Hand, wie es vereinbart worden war.

In der Zwischenzeit war auch der Arzt eingetroffen. Er hatte mit der Pflegerin alle notwendigen Daten aufgenommen, die Papiere waren weitestgehend vorbereitet.

„Ihrre Handynummärr", schnarrte er mit rollendem „R". Keine Begrüßung, keine Beileidsbekundung, kein Bitte.

Offenbar verstand er sie nicht, denn sie musste ihm die Handynummer schriftlich notieren, damit er sie in die Papiere übernehmen konnte.

„Haben Sie Barrgäld bei sich?"

Sie schüttelte den Kopf. „Nein. Wofür?"

„Na, där Tottenschein. Sie wissen nicht, äs kostet Gäld?"

„Wie bitte?! Das ist alles geregelt über den Treuhandfond. Sie schreiben eine Rechnung, schicken sie mir und ich reiche sie zur Verrechnung weiter."

„Nein, nein, so gätt das nicht …"

„Hören Sie, ich bezahle hier und jetzt gar nichts,

überhaupt nichts, okay?"

Wütend wandte sie sich ab und entfernte sich einige Schritte von ihm, damit ihre Hände nicht in Versuchung geführt wurden.

Nach einigem vermittelnden Hin und Her mit der Pflegerin gab er schließlich nach. Sie unter-schrieben die Papiere.

Getan, schnappte er sich seine Jacke, zog sie an, griff nach seiner Arzttasche und machte sich mit den Worten: „Ich gä jätzt!" auf den Weg.

„Ähm", meinte die Pflegerin, „wollen Sie die verstorbene Dame gar nicht untersuchen?"

„Warrum? Ich habbe geschribben, ist tott, also ist tott!" Er ging los.

„Aber …" Sowohl ihr als auch der Pflegerin fehlten jede weiteren Worte.

Unvermutet blieb er dann stehen, dachte kurz nach, wandte sich wieder um und kam zurück.

„Na gutt, wänn Sie darrauf bestähen!"

Er stellte seine Tasche ab, zog seine Jacke wieder aus und ging ans Bett der Verstorbenen.

Er wackelte an ihren Zehen. „Tott!", meinte er.

Er lüftete kurz die Decke und fühlte ihren Bauch. „Tott!"

Er klapste ihr leicht ins Gesicht. „Ich habbe doch gesagt, ist tott!"

Mit diesen Worten nahm er seine Siebensachen und zog von dannen.

Wie viele Ewigkeiten sie und die Pflegerin ungläubig den Gang hinunterstarrten, weiß heute keiner mehr zu sagen.

EPILOG

Im Gespräch mit der Verskunst

oder

Sind die wilden Jahre der Muse nun vorbei?

Schreiend erwach ich.
Ihr Kuss war so nass.
Ums Bett ists so flüstrig,
ich ahne, von was.

Oder vielmehr: von wem!
Da! Ich hör ihre Stimme.
Sie kommt ganz dicht
an mich heran und klingelt ein:
Du riefest mich?

Ich schau sie an
voll des mittigen Leids.
Ihr klebriges Haar hängt strähnengrau.
Sie trägt ein uraltes, bröckliges Kleid.
Vermutlich war es dereinst mal blau?

Damals. In unseren wilden Jahren ...
Was willst du von mir?
Frag ich und sie blickt verwundert.
Na, was wohl? Nen Vers bring ich dir
zur nachtenen Stunde.

Was? Schrei ich entsetzlich empört.
Das Dings da, das reimt sich!
Sie blickt verstört.
Wie jetzt? Du willst nicht?

Schulterzuckend sie entschwindet
nimmts Verslein mit sich im Gepäck.
Und ich?
Bleib ohne Vers zurück im Bett.

Butterfly

You

I just discoverd you, I found you

I know you

love hiding, yet I saw you

Then held you in my hands

and one moment grows to aeons

….

Then I let you go, I'm feelin' thrilled

By your eternal love

That taste so bittersweet

gramo LaHaren mulu dnu gramo tschemiludre

u mara enrame*

*so blissful and so wild
you're free